BEI GRIN MACHT SICH IHR WISSEN BEZAHLT

Christoph Klaiber

Aus der Reihe: e-fellows.net stipendiaten-wissen

e-fellows.net (Hrsg.)

Band 716

Zur Binnenmarktrelevanz von öffentlichen Aufträgen im Nicht-EU-Ausland

GRIN Verlag

Bibliografische Information der Deutschen Nationalbibliothek:

Die Deutsche Bibliothek verzeichnet diese Publikation in der Deutschen National-
bibliografie; detaillierte bibliografische Daten sind im Internet über http://dnb.d-
nb.de/ abrufbar.

Impressum:

Copyright © 2012 GRIN Verlag GmbH
Druck und Bindung: Books on Demand GmbH, Norderstedt Germany
ISBN: 978-3-656-43686-7

Dieses Buch bei GRIN:

http://www.grin.com/de/e-book/214236/zur-binnenmarktrelevanz-von-oeffentlichen-
auftraegen-im-nicht-eu-ausland

GRIN - Your knowledge has value

Der GRIN Verlag publiziert seit 1998 wissenschaftliche Arbeiten von Studenten, Hochschullehrern und anderen Akademikern als eBook und gedrucktes Buch. Die Verlagswebsite www.grin.com ist die ideale Plattform zur Veröffentlichung von Hausarbeiten, Abschlussarbeiten, wissenschaftlichen Aufsätzen, Dissertationen und Fachbüchern.

Besuchen Sie uns im Internet:

http://www.grin.com/

http://www.facebook.com/grincom

http://www.twitter.com/grin_com

Zur Binnenmarktrelevanz von

öffentlichen Aufträgen im Nicht-EU-Ausland[*]

I.   Überblick

II.   Indizien für Binnenmarktrelevanz

III. Auszüge relevanter Rechtsprechung

IV. Gerichtliche Auslegung von Ausnahmeregelungen

V.   Fazit

[*]Der Autor ist Examenskandidat an der Humboldt-Universität Berlin. Der Beitrag entstand anlässlich eines Praktikums in der Vergabestelle des Auswärtigen Amtes.

I. Überblick

Soll eine Vergabe über dem Schwellenwert im Nicht-EU-Ausland durchgeführt werden, stellt sich die Frage, ob in jedem Fall europäisches Vergaberecht anwendbar ist. Zu Vergaben unterhalb des Schwellenwertes werden ähnliche Probleme diskutiert; auch hier ist die Anwendung des EU-Rechts (insbesondere der Grundfreiheiten) nicht ausgeschlossen[1]. Der EuGH hat auch bei Vergaben, die unter die VergabeRL fallen, die Grundfreiheiten ergänzend zur Auslegung herangezogen.[2] Dass Sekundärrecht umgekehrt die Auslegung des Primärrechts beeinflusst, ist als Auslegungsmethode umstritten[3], wenn auch gelegentlich vom EuGH angewandt.[4]

Liegt ein öffentlicher Auftrag (§§ 99, 100 Abs. 2 GWB) über dem Schwellenwert (§ 100 Abs. 1 GWB) vor, ist EU-Vergaberecht prinzipiell anzuwenden. Es gelten sowohl die europarechtlichen Grundfreiheiten als auch die Regeln der VergabeRL 2004/18/EG. Das europäische Recht kann auch auf Fälle Anwendung finden, in denen der Auftrag zur Gänze außerhalb der EU auszuführen ist. Nach Rechtsprechung des EuGH ist eine exterritoriale Anwendbarkeit des EU-Wettbewerbsrechts[5] nur in den Fällen angenommen worden, in denen sich wettbewerbsrelevante Vorgänge in irgendeiner Weise auf das Gebiet der Europäischen Union auswirken können. Auswirkungen auf den Markt können sich zum Beispiel dann ergeben, wenn sich auch Unternehmen der EU-Mitgliedstaaten um die Erbringung der ausgeschriebenen Leistungen bewerben würden. Insbesondere die Frage der Binnenmarktrelevanz (s.II.) ist in diesem Zusammenhang entscheidend. Bei deren Ablehnung entstehen keine europarechtlichen Verpflichtungen zur Vergabe.

Die bisherigen EuGH/EuG-Entscheidungen zur Binnenmarktrelevanz betrafen allesamt innergemeinschaftliche Fallkonstellationen (zumeist im EU-Unterschwellenbereich), in denen die fehlende öffentliche Ausschreibung gerügt wurde. Bei der Ableitung von allgemeinen Grundsätzen aus diesen Urteilen ist daher grundsätzlich Vorsicht geboten.

---

[1]Vgl. u.a. EuGH, C-507/03; Siegel, EWS 2008, 66-73; Herz, EWS 2010, 261-265; Bitterich, EuZW 2008, 14-22.
[2]C 45/87; C-243/89; C-244/02; C-234/03.
[3]Pernice/Mayer, in: Grabitz/Hilf, EU-Kommentar, 40. Auflage 2009, Art. 220 EG Rn 51; Ruffert, in: Calliess/Ruffert, EUV/AEUV, 4. Auflage 2011, Art. 288 AEUV Rn 8; Buerstedde, Juristische Methodik des EG-Rechts, 2006, S. 73.
[4]Z.B. EuGH Rs. 48/75, Royer, Slg. 1976, 497, 511f., EuGH Rs. 15/78 Koestler, Slg. 1978, 1971, 1979f.; Herz, EWS 2010, 264.
[5]EuG, T-102/96 zu Südafrika: „...Anwendung Artikel 1 der Verordnung Nr. 4064/89 setzt nicht voraus, dass die betreffenden Unternehmen in der Gemeinschaft niedergelassen sind oder daß die Abbau- und/oder Erzeugungstätigkeiten, die von dem Zusammenschluß betroffen sind, im Gebiet der Gemeinschaft ausgeübt werden...".

II. Indizien für Binnenmarktrelevanz

1. Auftragsgegenstand

Bereits der Auftragsgegenstand kann erste Hinweise liefern, ob eine Leistung binnenmarktrelevant ist. Es ist die Frage zu stellen, ob es für ein im Bereich der EU tätiges Unternehmen möglich und sinnvoll ist, den Auftrag im Nicht-EU-Ausland zu erbringen oder ob dies schon von der Struktur und Gestalt des Auftragsgegenstandes ausgeschlossen werden kann.

2. Geschätzter Auftragswert

Bei „sehr geringfügiger wirtschaftlicher Bedeutung" für Wirtschaftsteilnehmer in anderen Ländern wären die „Auswirkungen auf die betreffenden Grundfreiheiten zu zufällig und zu mittelbar", als dass die Anwendung von aus dem unionsrechtlichen Primärrecht abgeleiteten Anforderungen gerechtfertigt wäre[6]. Ein hoher Auftragswert ist grundsätzlich wirtschaftlich interessanter für europäische Wirtschaftsteilnehmer und muss damit sehr viel eher als binnenmarktrelevant eingestuft werden als ein niedriger Auftragswert. Richtwerte, ab wann ein Auftragswert als binnenmarktrelevant eingestuft wird, hat weder der EuGH noch die EU-Kommission aufgestellt. Im Unterschwellenbereich werden hier zwischen 10%[7] und 20%[8] des Schwellenwertes diskutiert.

3. Besonderheiten des betroffenen Sektors

Unter diesem Prüfungspunkt soll auf die Größe und die Struktur des Marktes sowie die wirtschaftlichen Gepflogenheiten eingegangen werden. Ist der betroffene Markt eng mit dem europäischen Binnenmarkt verknüpft, z.B. weil gegenseitige Abkommen bestehen, ist dies ein Argument für die Binnenmarktrelevanz des Auftrags.

4. Geografische Lage des Ortes der Leistungserbringung

Die Entfernung des Leistungsortes vom Gebiet der Europäischen Union, spielt eine entscheidende Rolle bei der Beurteilung der Frage, ob bei Vergaberechtssachverhalten im Nicht-EU-Ausland die europarechtlichen Vorgaben berücksichtigt werden müssen. Je weiter der Leistungsort von der EU entfernt liegt, desto eher kann eine Binnenmarktrelevanz

---

[6] Mitteilung der Kommission zu Auslegungsfragen des Vergaberechts, Ziffer 1.3, http://eur-lex.europa.eu/LexUriServ/LexUriServ.do?uri=OJ:C:2006:179:0002:0007:DE:PDF.
[7] EuGH, C-295/05; Siegel, NvwZ 2008, 7ff.
[8] Braun, VergabeR 2007, 17; Gabriel, NvwZ 2006, 1262.

verneint werden.

Beispielsweise können bereits Bauleistungen in einem Wert von 6.000 € in grenznahen Städten wie Aachen, Trier oder Frankfurt/Oder bereits binnenmarktrelevant sein. Hingegen sind die Bauleistungen in Frankfurt/Main möglicherweise erst ab einem Wert von 60.000 € binnenmarktrelevant.[9]

5. Intensität des Interesses

Auch hier sind die Anforderungen an die Darlegungslast für tatsächliche Interessenten am Auftrag uneinheitlich. Mal wird von der Kommission der, faktisch nicht zu erbringende, Nachweis konkreter Unternehmen verlangt, obwohl deren Kenntnisnahme gerade durch die fehlende Veröffentlichung verhindert wurde[10]. In anderen Fällen ließ der EuGH bereits ein potentielles Interesse anhand objektiver Umstände ausreichen.[11]

6. Ergebnis

Kommt der Auftraggeber zu dem Schluss, dass der fragliche Auftrag für den Binnenmarkt relevant ist, muss die Vergabe unter Einhaltung der aus dem Unionsrecht abgeleiteten Grundsätze erfolgen.

Die Anwendung des Sekundärrechts kann daher nur vermieden werden, indem man sich auf die dort niedergelegten Ausnahmetatbestände (v.a. §3 Abs. 2 b), d) EG VOL/A) beruft. Darüber hinaus wäre zu begründen, warum im konkreten Fall die Grundfreiheiten nicht eingreifen, also keine Verletzung der Dienstleistungs- bzw. Niederlassungsfreiheit zu befürchten ist. Hierfür bedarf es sehr genauer Marktkenntnisse, einer ausführlichen Dokumentation und eines hohen Begründungsaufwands.

---

[9]Zeiss, Sichere Vergabe, 2010, 23f.
[10]C-507/03: „eindeutiges Interesse".
[11]C-231/03; C-532/03; Wollenschläger, NvwZ 2007, 388.

III. Auszüge relevanter Rechtsprechung

Es ist zunehmend die Tendenz zu beobachten, dass auch deutsche Gerichte europäisches Recht in ihre Betrachtung einbeziehen. In einem Verfahren vor dem *VG Münster (AZ: 1 L 64/07)* wurde niederländischen Unternehmen das potentielle Interesse am Betreiben einer Leichenhalle in grenznahem Gebiet anerkannt. Der Auftragswert belief sich auf etwa 159.000 €.

> *„Binnenmarktrelevanz im Hinblick auf Dienstleistungskonzessionen ist zwar zu verneinen, wenn wegen besonderer Umstände wie beispielsweise einer sehr geringen wirtschaftlichen Bedeutung vernünftigerweise angenommen werden könnte, dass ein Unternehmen, das in einem anderen Mitgliedsstaat niedergelassen ist, kein Interesse an der in Rede stehenden Konzession hätte und die Auswirkungen auf die betreffenden Grundfreiheiten daher zu zufällig und zu mittelbar wären, als dass auf eine Verletzung dieser Freiheiten geschlossen werden könnte...Die Beurteilung, ob eine Dienstleistungskonzession möglicherweise für Wirtschaftsteilnehmer eines anderen Mitgliedsstaats von Interesse sein könnte, richtet sich nach den Umständen des Einzelfalls, wobei etwa der Gegenstand der Konzession, der geschätzte Konzessionswert, die Besonderheiten des betreffenden Marktsektors sowie die geographische Lage des Orts der Leistungserbringung zu berücksichtigen sind. In Anwendung dieser Maßstäbe lässt es sich im vorliegenden Fall schon angesichts der geographischen Lage nicht von vornherein ausschließen, dass etwa ein Bestattungsunternehmen aus den Niederlanden daran interessiert wäre, die Leichenhalle zu betreiben..."*

In ähnlicher Weise führte das *OLG Düsseldorf (Az.: Verg 5/02)* aus, dass

> *„die Annahme nicht zutrifft, eine europaweite Ausschreibung sei deshalb entbehrlich, weil zur Durchführung der Leistungen eine vor Ort gelegene Betriebsstätte notwendig ist. Sie lässt unberücksichtigt, dass auch ausländische Unternehmen als potentielle Auftragnehmer in Betracht kommen, nämlich dann, wenn sie bereits über einen örtlichen Standort verfügen oder diesen anlässlich der auszuschreibenden Leistung gründen wollen. Ob solche ausländischen Bieter tatsächlich vorhanden sind, lässt sich im Voraus nicht ausschließen; dies wird vielmehr erst das Vergabeverfahren erweisen..."*

Dazu auch der EuGH in *Coname (C-231/03)*, die Anwendung des Primärrechts im Unterschwellenbereich betreffend:

> *"...je interessanter der Auftrag für potenzielle Bieter aus anderen Mitgliedstaaten sei, desto weiter sollte er bekanntgemacht werden...Schließlich ist auf den auch auf Vergabeverfahren anwendbaren Effektivitätsgrundsatz hinzuweisen. Danach sind das gesamte konkrete Verfahren, der Verfahrensablauf und die Besonderheiten des Verfahrens zu berücksichtigen..."*

In Nr. 1.3 der *Mitteilung der Europäischen Kommission* zu Auslegungsfragen des Vergaberechts vom 1. 8. 2006[12] heißt es ferner:

> *"Nach Auffassung der Kommission muss dieser Entscheidung eine Prüfung der Umstände des jeweiligen Falls vorausgehen, wobei Sachverhalte wie der Auftragsgegenstand, der geschätzte Auftragswert, die Besonderheiten des betreffenden Sektors (Größe und Struktur des Marktes, wirtschaftliche Gepflogenheiten) sowie die geographische Lage des Orts der Leistungserbringung zu berücksichtigen sind. Erhält die Kommission Kenntnis von einer möglichen Verletzung, prüft sie die Binnenmarktrelevanz des fraglichen Auftrags. Sie wird nur dann ein Verfahren nach Artikel 226 EG-Vertrag einleiten, wenn dies angesichts der Schwere der Vertragsverletzung und ihrer Auswirkungen auf den Binnenmarkt angemessen erscheint..."*

IV. Gerichtliche Auslegung von Ausnahmeregelungen

Bei der Mitteilung der Kommission zu Auslegungsfragen vom 01.08.2006 zur Binnenmarktrelevanz ist zu berücksichtigen, dass es sich um ihre Auffassung zur Auslegung des europäischen Rechts handelt und die maßgebliche Auslegung letztlich dem EuGH obliegt. Da sie über das Initiativrecht für Vertragsverletzungsverfahren verfügt, kann eine Mitteilung indes Indikator sein, ob das Verhalten des Mitgliedsstaats von der Kommission gebilligt wird. Mitteilungen sind nach überwiegender Ansicht rechtlich unverbindlich und können somit bei möglichen Verfahren vor dem EuGH keine Rechtswirkung entfalten.[13] Daher können durchaus divergierende Ansichten zwischen Kommission und EuGH bestehen, wie die Binnenmarktrelevanz zu bestimmen ist, was in der Vergangenheit häufiger vorgekommen ist.

---

[12]S. Fn. 6.
[13]Cremer, in: Calliess/Ruffert, Art. 263 AEUV Rn 15.

6

Als Anknüpfungspunkte für die Begründung des Vorliegens eines Ausnahmetatbestands (§3 Abs. 2 lit b,d EG VOL/A) könnten folgende Entscheidungen dienen, die sich inhaltlich, wegen der fast gleich lautenden Regelungen, auch auf EU-Verfahren übertragen lassen[14]:

VK Sachsen (1/SVK/067-04):

> *„...der klare Wortlaut des § 3 Nr. 3 lit. b VOL/A verdeutlicht, dass ein für sich gesehen hoher Aufwand für die Durchführung eines Offenen Verfahrens unerheblich ist. Vielmehr muss der Auftraggeber zum einen den ermittelten Aufwand - in der ersten Variante - zu dem positiv erreichbaren Vorteil eines Offenen Verfahrens ins Verhältnis setzen. Selbiges gilt - wertneutral - zum alternativ relevanten Wert der Leistung bei Variante zwei. Erst wenn zumindest zu einer der beiden Bezugsgrößen zweifelsfrei ein Missverhältnis festgestellt würde, darf das nicht offene Verfahren angewandt werden. Dabei geht die Vergabekammer - gestützt auf Berichte der Rechnungshöfe und auch auf eine sachverständige Wirtschaftlichkeitsbetrachtung - grundsätzlich davon aus, dass - aufgrund auch mathematischer Wahrscheinlichkeit - das wirtschaftlichste Angebot bei z. B. 50 fiktiven Angeboten im Offenen Verfahren preislich niedriger liegt als bei lediglich zehn Angeboten...*

> *...ein Missverhältnis im Sinne des § 3 Nr. 3 lit. b VOL/A liegt erst dann vor, wenn der zusätzliche Aufwand eines Offenen Verfahrens den ermittelten Vorteil um ein Vielfaches übersteigt...Selbiges gilt für ein Missverhältnis zum Wert der Leistung. Nur dann, wenn der - zusätzliche - Aufwand eines Offenen Verfahrens einen Großteil des Wertumfangs der Leistung ausmacht, ist ein nicht offenes Verfahren gerechtfertigt...Ein anerkennenswerter Zusatzaufwand des Offenen Verfahrens von einem Prozent des Leistungswertes steht nicht im Missverhältnis zum Leistungswert..."*

OLG Naumburg (1 Verg 14/03):

> *„Der Auftraggeber muss im Rahmen des § 3 Nr. 3 b VOL/A eine Prognose anstellen, welchen konkreten Aufwand ein Offenes Verfahren bei ihm, aber auch bei der noch unbekannten Anzahl potenzieller Bieter voraussichtlich verursachen würde. Dabei hat er auf Grundlage benötigter Verdingungsunterlagen, den Kalkulationsaufwand eines durchschnittlichen Bieters für die Erstellung und Übersendung der Angebote und dessen sonstige Kosten (Einholung von Auskünften bei Zulieferern etc.) zu schätzen. Zum Teil kann der Auftraggeber auch auf Erfahrungswerte parallel gelagerter Ausschreibungen zurückgreifen oder auf eigene Schätzungen in Fällen der möglichen Überschreitung der EU-Schwellenwerte. Diese ermittelten Schätzkosten sind danach in*

---

[14]Kaelble, in: Müller-Wrede, VOL/A, § 3 Rn 25.

ein Verhältnis zu dem beim Auftraggeber durch die Offenes Verfahren erreichbaren Vorteil oder den Wert der Leistung zu setzen...Bei einem Gesamtauftragsvolumen von insgesamt mehreren Millionen Euro kann von einem solchen Missverhältnis ohnehin nicht die Rede sein..."

V. Fazit

Oberhalb der Schwellenwerte ist im Grundsatz europaweit auszuschreiben. Möglicherweise sind Ausnahmetatbestände in Betracht zu ziehen, die ein abweichendes Vergabeverfahren legitimieren. Die von der Rechtsprechung hierfür entwickelten Anforderungen sind jedoch sehr hoch. Der in der Praxis oftmals nicht zu erbringende Beweis ist notwendig, dass die Ausführung von einem Unternehmen aus der EU ausgeschlossen ist. Deshalb ist eine europaweite Ausschreibung regelmäßig in Grenzfällen zu empfehlen, um kein rechtswidriges Vergabeverfahren zu riskieren.

Unterhalb der Schwellenwerte ist hingegen grundsätzlich keine europaweite Ausschreibung erforderlich, es sei denn, das Primärrecht findet Anwendung. Dies ist der Fall, sofern eine Binnenmarktrelevanz des betreffenden Auftrags festgestellt wird.[15]

---

[15]Im TED (Tenders Electronic Daily) sind zahlreiche Aufträge im Nicht-EU-Ausland verfügbar, die nicht unter den Anwendungsbereich völkerrechtlicher Abkommen fallen; ca. 30 in den letzten 4 Wochen (Stand: 06/2012).

Literaturverzeichnis "Binnenmarktrelevanz von öffentlichen Aufträgen"

Bitterich, Klaus: Das grenzüberschreitende Interesse am Auftrag im primären Gemein-schaftsvergaberecht
Anm. zu EuGH, Urt. v. 13. 11. 2007 – C-507/03 – Kommission/Irland („An Post"), EuZW 2008, 14-22

Braun, Christian: Europarechtlicher Vergaberechtsschutz unterhalb der Schwellenwerte, Vergaberecht 2007, 17-25

Buerstedde, Wolfgang: Juristische Methodik des EG-Rechts, 2006

Calliess, Christian/Ruffert, Matthias: EUV/AEUV, 4. Auflage 2011

Gabriel, Marc: Die Kommissionsmitteilung zur öffentlichen Auftragsvergabe außerhalb der EG-Vergaberichtlinien, NvwZ 2006, 1262-1264

Grabitz, Eberhard/Hilf, Meinhard: EU-Kommentar, 40. Auflage 2009

Herz, Benjamin: Die Kommissionsmitteilung zum Unterschwellenvergaberecht im Lichte der Rechtsprechung
EWS - Europäisches Wirtschafts- und Steuerrecht; Heft 7/2010, S. 261-265

Müller-Wrede, Malte: Kommentar VOL/A, 3. Auflage 2010

Siegel, Thorsten: Wie rechtssicher sind In-House-Geschäfte? - Aktuelle Entwicklungsten-denzen in der Rechtsprechung des EuGH, NvwZ 2008, 7-12

Wollenschläger, Ferdinand: Das EU-Vergaberegime für Aufträge unterhalb der Schwellen-werte, NvwZ 2007, 388-396

Zeiss, Christopher: Sichere Vergabe, 2010